Jocelyne R
Jo-Anne Jacob
Illustrations de Jean-Nicolas Vallée

ma sexualité
de 0 à 6 ans

LES ÉDITIONS DE L'HOMME
Une société de Québecor Média

Catalogage avant publication de Bibliothèque et Archives nationales du Québec et Bibliothèque et Archives Canada

Robert, Jocelyne

Ma sexualité de 0 à 6 ans

1. Éducation sexuelle des enfants – Ouvrages pour la jeunesse. 2. Éducation sexuelle des enfants – Problèmes et exercices – Ouvrages pour la jeunesse. I. Jacob, Jo-Anne. II. Titre. III. Titre : Ma sexualité de zéro à six ans.

HQ53.R53 2005 j649'.65 C2004-941899-8

01-14

Dépôt légal : 2005
Bibliothèque et Archives nationales du Québec

ISBN 978-2-7619-2046-9

DISTRIBUTEURS EXCLUSIFS :

Pour le Canada et les États-Unis :
MESSAGERIES ADP*
2315, rue de la Province
Longueuil, Québec J4G 1G4
Tél. : 450 640-1237
Télécopieur : 450 674-6237
* filiale du Groupe Sogides inc.,
filiale de Québecor Média inc.

Pour la France et les autres pays :
INTERFORUM editis
Immeuble Paryseine, 3, Allée de la Seine
94854 Ivry CEDEX
Tél. : 33 (0) 1 49 59 11 56/91
Télécopieur : 33 (0) 1 49 59 11 33
Service commandes France Métropolitaine
Tél. : 33 (0) 2 38 32 71 00
Télécopieur : 33 (0) 2 38 32 71 28
Internet : www.interforum.fr
Service commandes Export – DOM-TOM
Télécopieur : 33 (0) 2 38 32 78 86
Internet : www.interforum.fr
Courriel : cdes-export@interforum.fr

Pour la Suisse :
INTERFORUM editis SUISSE
Case postale 69 – CH 1701 Fribourg – Suisse
Tél. : 41 (0) 26 460 80 60
Télécopieur : 41 (0) 26 460 80 68
Internet : www.interforumsuisse.ch
Courriel : office@interforumsuisse.ch
Distributeur : OLF S.A.
ZI. 3, Corminboeuf
Case postale 1061 – CH 1701 Fribourg – Suisse
Commandes : Tél. : 41 (0) 26 467 53 33
Télécopieur : 41 (0) 26 467 54 66
Internet : www.olf.ch
Courriel : information@olf.ch

Pour la Belgique et le Luxembourg :
INTERFORUM BENELUX S.A.
Fond Jean-Pâques, 6
B-1348 Louvain-La-Neuve
Téléphone : 32 (0) 10 42 03 20
Télécopieur : 32 (0) 10 41 20 24
Internet : www.interforum.be
Courriel : info@interforum.be

Gouvernement du Québec – Programme de crédit d'impôt pour l'édition de livres – Gestion SODEC -www.sodec.gouv.qc.ca

L'Éditeur bénéficie du soutien de la Société de développement des entreprises culturelles du Québec pour son programme d'édition.

Conseil des Arts du Canada — Canada Council for the Arts

Nous remercions le Conseil des Arts du Canada de l'aide accordée à notre programme de publication.

Nous reconnaissons l'aide financière du gouvernement du Canada par l'entremise du Fonds du livre du Canada pour nos activités d'édition.

PRÉFACE

À Fanny

Ce livre raconte joyeusement les multiples facettes du développement sexuel du tout-petit et insiste sur l'importance d'une attitude ouverte et naturelle de la part des adultes. Il nous rappelle que le petit enfant exprime sa sexualité au fil de ses activités quotidiennes et que celle-ci fait partie intégrante du développement fascinant qui est le sien.

Enfin, ce livre veut répondre au besoin des parents de posséder des outils d'information et d'intervention en ce qui concerne la sexualité de l'enfant.

C'est donc avec les enfants que parents, éducateurs et éducatrices ou tout autre intervenant en petite enfance devraient explorer ces pages et partager ses contenus, situations et jeux… tout simplement pour mieux les accompagner dans la découverte et l'apprivoisement de leur dimension sexuelle.

Introduction pour les grandes personnes

Par l'entremise de l'histoire de JoJo, nous désirons offrir au tout-petit l'occasion d'exprimer sa propre composante sexuelle, déjà bien présente et vivante en lui.

Nous souhaitons que parents et éducateurs y puisent les pistes susceptibles d'établir avec l'enfant un franc dialogue sur les questions relatives à la sexualité. Afin de cheminer vers cet objectif, qu'il nous soit permis de vous suggérer la démarche suivante :

- Lisez ce livre, seul, par vous-même ; tentez d'identifier les thèmes qui vous rendent mal à l'aise, s'il en est.
- Référez-vous à la note qui vous concerne à la fin.
- Accompagnez l'enfant à travers l'histoire de JoJo ; faites la démarche avec lui ou elle, progressivement.
- Allez-y étape par étape, en vous attardant aux dessins qui retiennent davantage son attention ; laissez l'enfant choisir le moment propice pour aborder quelques pages avec lui ou elle.
- Ayez recours à votre intuition pour clarifier les questions de l'enfant et y répondre.
- Amusez-vous avec lui ou elle à compléter les illustrations ou à aller plus loin. Par exemple, la scène de la page 24 peut être l'origine d'un questionnement : « Qui, crois-tu, a préparé ce repas ? Pourquoi ? », etc. Cette page, en apparence anodine, fait référence aux rôles et stéréotypes sexuels.
- N'hésitez pas à revenir sur certains thèmes du livre après que celui-ci aura été vu, lu, relu et… barbouillé.
- Soyez attentif à ne pas juger, censurer ou évaluer les commentaires du tout-petit.
- Soyez créatif et ne vous limitez pas aux suggestions proposées. Oubliez-les et abandonnez-vous avec l'enfant au jeu, au partage, à l'émerveillement.

N. B. L'histoire de JoJo, bien que simple et limpide, est très dense en thèmes relatifs à la sexualité : anatomie, jeux et découvertes sexuelles, conception-fécondation-naissance, communication sexuelle adulte, abus sexuels, bons et mauvais touchers, rôles et stéréotypes sexuels, réactions sexuelles du bébé, phase orale-anale-génitale, besoins affectifs, etc. Pour cette raison, il importe que la démarche soit progressive. JoJo a intégré tout cela à sa vie quotidienne à l'intérieur de quelques jours, pour les besoins du livre-jeu. Il n'est surtout pas nécessaire que l'enfant en fasse autant, si rapidement. Chaque illustration ou groupe d'illustrations correspondant à un thème mérite qu'on s'y attarde selon l'intérêt et la curiosité de l'enfant.

HISTOIRE DE JOJO
PAGE 7
JEUX ET ACTIVITÉS
PAGE 63
COIN DES
GRANDES PERSONNES
PAGE 75

Allô !

Je m'appelle JoJo ; j'ai 4 ans et ¾.
Hé ! Il s'en passe des choses dans notre vie, de la naissance jusqu'à l'âge d'entrer à l'école. Bien des grandes personnes ont réfléchi, ont écrit là-dessus. On a tout à apprendre : manger, marcher, être propre, parler, jouer…

Mais c'est aussi à notre âge que l'on découvre son corps, que l'on veut savoir comment l'autre est fait, que l'on est curieux au sujet des bébés…

Les adultes autour de nous, on dirait que ça les gêne de nous parler de ces choses-là. À notre âge, on n'a pas encore beaucoup de mots. Comment leur dire qu'on a besoin qu'ils nous expliquent la sexualité, simplement, comme ils le font pour les autres sujets.

Ce livre-jeu, Jocelyne, Jean-Nicolas et Jo-Anne l'ont fait pour nous, les enfants, mais moi, je devine qu'ils l'ont aussi fait pour nos parents. Ils ont voulu les aider à être plus à l'aise avec notre sexualité, à cesser de considérer ses manifestations comme un « mal nécessaire ».

Bienvenue dans ma bande ! Je suis contente de passer quelques jours avec toi.

P.-S. : Dis à tes parents qu'il y a des pages pour eux à la fin du livre.

JOJO! VIENS ICI, UN PEU, S'IL TE PLAÎT...

TU VEUX BIEN SURVEILLER DAVID UN MOMENT...
LE TEMPS QUE JE METTE CES VÊTEMENTS À LAVER.

IL FAUT TOUJOURS QU'IL AIT QUELQUE CHOSE DANS LA BOUCHE CELUI-LÀ!

QUAND MAMAN LUI DONNAIT LE SEIN, IL RONRONNAIT COMME UN PETIT MINOU.
RON... RON... RON...

TU AIMES BIEN QUAND JE TE FAIS DES "CHATOUILLES-BEDAINE" HEIN...
TU ES UNE VRAIE PETITE BOULE DE PLAISIR...

BON! MAINTENANT QUE BÉBÉ EST TOUT PROPRE...
...IL VA POUVOIR FAIRE SON DODO!

PAPA! JE VAIS JOUER AVEC VICTOR!
C'EST D'ACCORD.

VICTOR T'ATTEND DANS LA COUR, JOJO! TU PEUX ALLER LE RETROUVER.

ALLÔ LES AMIS!
JE T'AI ATTRAPÉE!!! ON A GAGNÉ!

ON JOUE À SE DÉGUISER... J'ADORE ÇA!
MONSIEUR ET MADAME JOJO ENTREZ DONC DANS MON CHÂTEAU!

HÉ...VOICI DES INSTRUMENTS DE MÉDECIN! LE DOCTEUR GUÉRITOUTOU VA VOUS EXAMINER!

HUM...HUM... VOUS N'ÊTES PAS BIEN MALADE, MADAME!
JUSTE UN PETIT RHUME, PAS BESOIN DE PIQÛRE!!!
VICTOR

DOCTEUR GUÉRITOUTOU, MON CHÉRI, LUI, IL A SOUVENT MAL AU VENTRE...
C'EST PAS TRÈS GRAVE, J'ESPÈRE?

JE CROIS QU'IL A MAL AU VENTRE PARCE QUE, HEU... IL A TROP MANGÉ!
PAUVRE PETIT COEUR! IL NE PEUT RÉSISTER À MES BONS PETITS PLATS.

J'Y PENSE! C'EST BIENTÔT L'HEURE DU REPAS... J'AI UN PEU FAIM!
OH! MOI AUSSI J'AI FAIM. BYE VICTOR... EUH... DOCTEUR GUÉRITOUTOU!
MOI ITOU!

LA PROCHAINE FOIS, ÇA SERA MOI LA DOCTEURE!

ALLÔ MA GRANDE!
ALLÔ MAMAN! J'AI BEAUCOUP FAIM!

MIAM! C'EST SUPER BON PAPA!

TU LE TIENS BIEN, D'ACCORD!

TU SAIS MAMAN, LE PÉNIS DE DAVID EST BIEN PLUS PETIT QUE CELUI DE LUC...
EUH... C'EST PARCE QUE EUH... JE L'AI VU EN JOUANT AU...

MAMAN, ON CONTINUE MON HISTOIRE...

LE CHEVREUIL, DONC, AVAIT TROUVÉ DANS CETTE FORÊT...

DORS BIEN, MA JOJO D'AMOUR!
BONNE NUIT, À DEMAIN...

LE CHEVREUIL AVAIT TROUVÉ UNE AMIE...

QUELQUES JOURS PLUS TARD...
YOUPPIE!! JE VAIS VOIR LES AMIS À LA GARDERIE AUJOURD'HUI!!
ET VICTOR Y SERA AUSSI TU SAIS.

MAMAN, COMMENT VOUS AVEZ FAIT PAPA ET TOI... POUR FAIRE DAVID?
?

BIEN... TU VOIS CE COUPLE D'AMOUREUX...
C'EST UN PEU COMME CELA QUE ÇA COMMENCE...

QUAND UN HOMME ET UNE FEMME ONT ENVIE D'ÊTRE TRÈS TRÈS PROCHES L'UN DE L'AUTRE...
ILS SE COLLENT, S'EMBRASSENT... AVEC TOUTES LES PARTIES DE LEURS CORPS...
C'EST COMME ÇA AUSSI POUR PAPA ET MOI!

QUAND LES ORGANES SEXUELS SE FONT DES CÂLINS, IL EST POSSIBLE QUE DES PETITS SPERMATOZOÏDES SOIENT DÉPOSÉS PAR
LE PÉNIS DE L'HOMME DANS LE VAGIN DE LA FEMME... C'EST COMME ÇA QU'ON VOUS A FAITS, DAVID ET TOI...
Centre de la petite enfance
FIFI BRIN D'AMOUR

TU VEUX DIRE QUE PAPA ET TOI VOUS AVEZ FAIT ÇA?!? SON PÉNIS A EMBRASSÉ TON VAGIN!!
AIE!! ÇA DOIT FAIRE MAL!

MAIS NON... QUAND LES DEUX PERSONNES LE DÉSIRENT, C'EST DOUX ET AGRÉABLE.
?!

ON APPELLE ÇA FAIRE L'AMOUR, OU VIVRE UNE RELATION SEXUELLE.
MAIS... TU SAIS, UN HOMME ET UNE FEMME NE FONT PAS UN BÉBÉ À CHAQUE FOIS QU'ILS FONT L'AMOUR!
?
AC

SPERMATOZOÏDE
(HOMME)
OVULE
(FEMME)
C'EST QUAND LE PETIT ZOÏDE... EUH... LE SPER-MA-TO-ZO-Ï-DE RENCONTRE L'OVULE.
UN PETIT BÉBÉ PEUT, APRÈS, SE FORMER DANS LE VENTRE DE LA MAMAN... C'EST ÇA?
C'EST ÇA!

BONNE JOURNÉE! ON CONTINUERA CETTE CONVERSATION CE SOIR, JOJO, D'ACCORD?
OUI MAMAN... À CE SOIR, NE TRAVAILLE PAS TROP FORT!

JE CONSTRUIS UN GRAND VOILIER, VEUX-TU DESSINER LES HUBLOTS?

1- 2 - 3 - 4...
MA P'tite VACHE A MAL AUX PAttES...

HÉ!
LES AMIS!
ON VA PASSER
À LA TOILETTE
AVANT LA SIESTE!

HÉ! TU FAIS PIPI DEBOUT! N'ARROSE PAS PARTOUT MON HIBOU!
WOW! TU FAIS PIPI ASSISE!
COMME UNE VRAIE MARQUISE...

J'AI DEUX BELLES FESSES COMME DES POMMETTES!!

GARÇON
PÉNIS
TESTICULES
GLAND
URÈTRE
FILLE
VULVE
CLITORIS
URÈTRE
VAGIN
LES GARÇONS FONT PIPI DEBOUT PARCE QUE DANS LE PÉNIS IL Y A UN PETIT CANAL QUI LAISSE COULER LE "PIPI" PAR LE BOUT DU GLAND.
CHEZ LA FILLE CE PETIT CANAL EST SITUÉ À LA VULVE, ENTRE LE VAGIN ET LE CLITORIS.

OH! LE BEAU CACA QUE TU AS FAIT!
BEAU?!? ELLE EXAGÈRE...

NON NON
PEUT-ÊTRE QUE J'ÉTAIS COMME LUI QUAND J'ÉTAIS UN BÉBÉ LALA...

PETITE SIESTE QUI FAIT DU BIEN...

J'ÉTAIS
MINUSCULE
COMME UNE
LIBELLULE...

JE FLOTTAIS COMME UN COSMONAUTE DANS L'ESPACE...

ÇA DEVIENT TROP PETIT ICI... ON POUSSE MAMAN... HO... HISSE! J'AI HÂTE DE TE VOIR!

OUF...
QUEL TUNNEL!
ME VOILÀ!
ÊTES-VOUS
CONTENTS?

HO OUI! JE PENSE QUE PAPA ET MAMAN ÉTAIENT BIEN CONTENTS DE VOIR MA FRIMOUSSE!

ALORS LES AMIS... ON S'EST BIEN REPOSÉ...
J'AI RÊVÉ QUE J'ÉTAIS PAS ENCORE NÉE... JE ME VOYAIS DANS LE VENTRE DE MA MAMAN...

ÇA SE PEUT PAS! JE M'EN SOUVIENS PAS MOI, QUAND J'ÉTAIS DANS LE VENTRE DE MAMAN!
MOI NON PLUS! MAIS QUAND MON PETIT FRÈRE EST NÉ, MES PARENTS M'ONT DIT COMMENT C'ÉTAIT!

ILS T'ONT EXPLIQUÉ COMMENT LE FOETUS GRANDISSAIT...
ET TOI TU T'ES REVUE TOUTE PETITE DANS LE VENTRE DE TA MAMAN...

ÇA S'EST PASSÉ, COMME LE DIT JOJO, POUR LA PLUPART D'ENTRE NOUS...
D'ABORD VOTRE MAMAN ET VOTRE PAPA SE SONT RAPPROCHÉS TRÈS PRÈS L'UN DE L'AUTRE... COMME SUR CE DESSIN.
ENSUITE VOUS AVEZ COMMENCÉ À PRENDRE FORME DANS LE VENTRE DE VOTRE MÈRE...
VOUS AVEZ GRANDI... JUSQU'À CE QUE VOUS SOYEZ PRÊTS À VENIR AU MONDE!
?

MAIS PIERROT LUI, Y'A PAS DE PÈRE...
SA MAMAN, ELLE L'A FAIT TOUTE SEULE?

PIERROT AUSSI A UN PÈRE. TOUS LES ENFANTS ONT UN PÈRE ET UNE MÈRE!
MÊME SI LES DEUX PARENTS NE VIVENT PAS AVEC L'ENFANT!

ON SE PRÉPARE... ON VA JOUER DEHORS! ON VA CUEILLIR DES FLEURS ET DES FEUILLES POUR NOTRE HERBIER!

YOOUPPIII!

J
P

QU'EST-CE QUI SE PASSE?
C'EST LUI QUI A COMMENCÉ... IL M'A TIRÉ LES CHEVEUX!

ALLONS, MAUDE N'A PAS AIMÉ QUE TU TIRES SES CHEVEUX...
TOI, TU N'AS PAS AIMÉ QU'ELLE TE FRAPPE. PERSONNE N'AIME SE FAIRE FAIRE MAL...

SI QUELQU'UN NOUS FAIT MAL, ON A LA DROIT DE ROUSPÉTER... ON A LE DROIT DE DIRE NON À QUI ON VEUT!
ON DOIT DIRE NON, PAS JUSTE QUAND ÇA FAIT MAL! QUAND ÇA DÉPLAÎT D'ÊTRE TOUCHÉ...
QUAND ON SE SENT MAL, IL FAUT DIRE NON!

MA SOEUR, Y'A UN GARS QUI L'A EMBRASSÉE MÊME SI ELLE NE VOULAIT PAS! ELLE N'A PAS AIMÉ ÇA!
MOI, J'AIME PAS QUAND L'AMIE DE MON GRAND FRÈRE ME SERRE LES BRAS!
MOI, J'AVAIS UN GARDIEN, IL VOULAIT TOUJOURS ME CHATOUILLER PARTOUT... JE L'AI DIT À MAMAN, IL NE ME GARDE PLUS!
MOI, J'AIME PAS QU'ON ME TOUCHE QUAND JE NE VEUX PAS! MÊME SI C'EST QUELQU'UN QUE JE CONNAIS.

UN MAUVAIS TOUCHER, ON SE SENT MAL... **ON A LE DROIT DE DIRE NON!**
...MÊME À QUELQU'UN QU'ON CONNAÎT BIEN!
ET IL FAUT EN PARLER...

MOI J'AIME ÇA, DANIELLE, QUAND TU NOUS PRENDS DANS TES BRAS POUR NOUS CON-SOLER!
JOJO ELLE M'A DÉJÀ EMBRASSÉ, PUIS... J'AI AIMÉ ÇA! J'VOULAIS!
MOI J'AIME QUAND MAMAN ME FAIT UN MASSAGE DANS LE DOS!
DES FOIS C'EST PAPA QUI BROSSE MES CHEVEUX... J'AIME ÇA!
UN BON TOUCHER, ON SE SENT BIEN ET ON PEUT EN PARLER AUSSI, COMME VOUS LE FAITES EN CE MOMENT!

ALLÔ!
TU VIENS VICTOR, C'EST MOI QUI TE RAMÈNE CE SOIR...
DEMAIN CE SERA AU TOUR DE TON PÈRE DE VENIR VOUS CHERCHER.

ATTENDS UN PEU, MAMAN, J'AI QUELQUE CHOSE À DIRE À QUELQU'UN!

BYE BYE!
À LA PROCHAINE...
JE TE FAIS
UN GROS
BISOU!

JOJO VEUT EMBRASSER VICTOR.
QUEL CHEMIN DOIT-ELLE PRENDRE?...

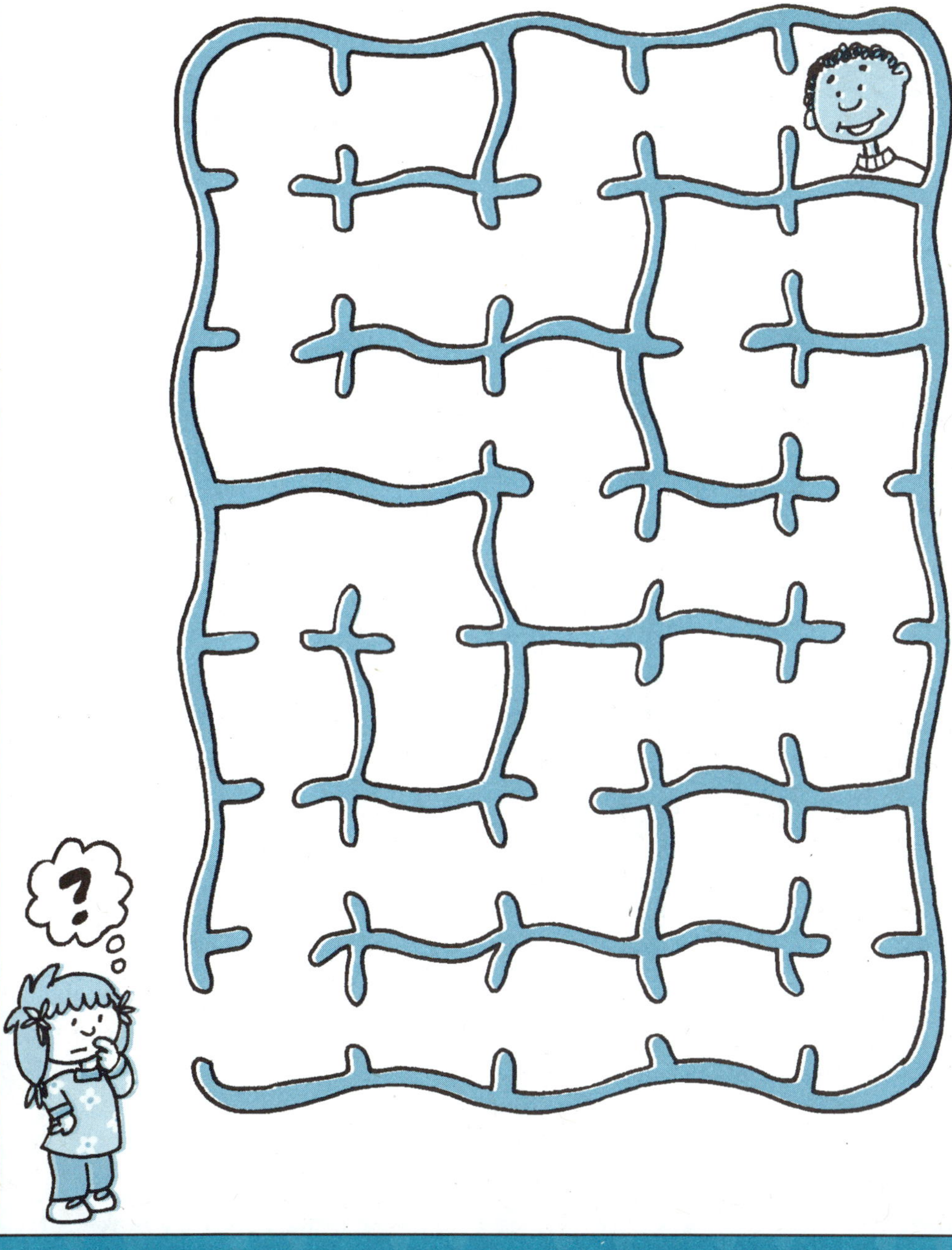

JEAN-NICOLAS S'EST TROMPÉ.
PEUX-TU ENCERCLER SON ERREUR?

Et toi, tu connais ton corps ?
Si tu essayais de te dessiner !

FAIS UNE CROIX (X) SUR LES MAUVAIS TOUCHERS.
FAIS UN CERCLE (O) SUR LE BON TOUCHER.

Dessine une caresse que toi tu aimes.

BÉBÉ A FAIM. MONTRE-LUI LE CHEMIN QUI MÈNE AU BIBERON ET CELUI QUI MÈNE AU SEIN...

Aurais-tu envie de dessiner comment tu étais dans ce lieu spécial, l'utérus, situé dans le ventre de ta mère ?

-COLORE D'UNE COULEUR DIFFÉRENTE CHACUNE DES PARTIES DU DESSIN INDIQUÉE PAR (○), (□), (△) ET (☆).

-COMPLÈTE LES VISAGES.

Peux-tu dessiner ta maman et ton papa ?

RELIE PAR UNE FLÈCHE (⟶)
LE BÉBÉ À SA MAMAN.

DESSINE LES ORGANES MANQUANTS
À TES DEUX AMIS.

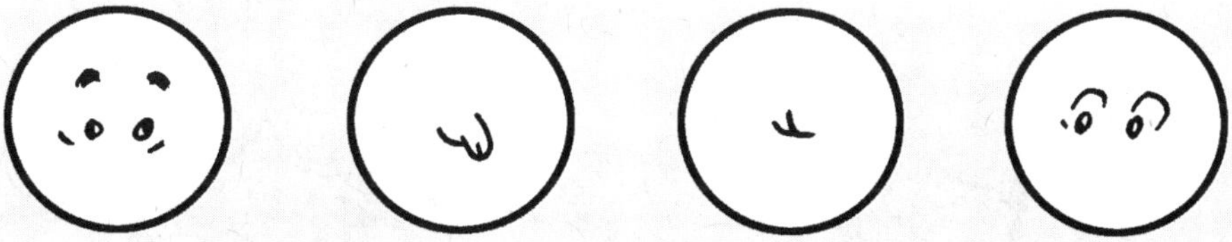

FAIS UNE CROIX (X) SUR LE MAUVAIS TOUCHER.
FAIS UN CERCLE (O) SUR LES BONS TOUCHERS.

Le coin des grandes personnes

Nul ne peut contester la bonne volonté des parents, des éducateurs et des éducatrices quant à l'importance d'aborder avec les tout-petits les questions relatives à la sexualité.

La plupart des adultes concernés veulent se familiariser avec le développement psycho-sexuel de l'enfant, désirent accorder à cette dimension humaine, toute l'attention et l'ouverture nécessaires mais ils se demandent : *comment le faire ? que dire ? à quel moment ? dans quels mots ? comment réagir devant tel comportement ?*

Autant de questions, de malaises, d'inquiétudes nous ont été signifiés par de nombreux parents au cours de plusieurs années d'intervention en éducation à la sexualité.

L'expression sexuelle du jeune enfant fait sourire. Beaucoup de parents, d'intervenants-es auprès des enfants, se considèrent peu ou mal préparés à répondre aux besoins des enfants en cette matière. Ils se sentent démunis, parfois troublés.

C'est dans l'espoir de combler un peu ce besoin que nous avons créé ce livre-jeu.

À travers le dessin, les jeux simples à réaliser, l'histoire de JoJo, nous souhaitons fournir à l'enfant l'occasion d'exprimer sa propre composante sexuelle et offrir aux parents et aux éducateurs quelques pistes susceptibles d'établir avec l'enfant un dialogue franc sur ces questions.

Les attitudes et comportements sexuels de l'enfant, faut-il le rappeler, témoignent d'un développement global sain, normal et naturel : besoin de découvrir, curiosité, tendance à imiter.

Est-il possible d'apprendre, comme adulte, à s'ouvrir à la sexualité de l'enfant, à accueillir celle-ci comme faisant partie intégrante de la personne, à lui accorder ni plus ni moins que la place qui lui revient et à la percevoir comme source de croissance, de mieux-être, d'émerveillement ?

Nous croyons que oui et vous invitons à partager ce choix, en toute simplicité.

Le toucher

Le toucher est essentiel au développement intégral et harmonieux de l'enfant. Celui-ci a besoin d'être touché affectueusement tout comme il a besoin de nourriture, d'oxygène et de protection contre le froid… À travers un toucher chaleureux d'un proche, l'enfant se sent aimé, sécurisé, accueilli. Il ressent aussi du plaisir à être touché affectueusement. Ce besoin d'affection et de tendresse est présent tout au long de la vie. Il varie selon l'âge, les personnes et les circonstances de l'existence.

Vous pouvez, avec votre enfant, vous amuser à identifier les touchers affectueux contenus dans ce livre-jeu. Il y en a une trentaine.

La bouche

Chez le bébé, la bouche est la zone privilégiée, depuis la naissance jusqu'à environ quinze mois. L'exploration première de son environnement se fait par les lèvres, la langue et la bouche, qui est une zone très sensible. Tous les objets sont d'abord découverts et explorés par la bouche (p. 9 et 10). Quand le bébé tète le sein ou le biberon, l'action même de téter procure du plaisir et ajoute au sentiment d'être rassasié, satisfait (p. 10).

La bouche demeure une zone de plaisir et d'érotisme tout au long de la vie, à des degrés variant selon les individus.

Sensualité et sensorialité

Au fil de sa croissance, l'enfant expérimente son corps sensuel et sensoriel. Se toucher ou être touché est bon et procure du plaisir (p. 11, 20 et 23…).

Les bébés, même naissants, peuvent avoir des réactions sexuelles génitales (p. 11). Il ne faut pas se surprendre qu'un bébé garçon ait des érections au moment de la toilette. La fille a elle aussi des réactions sexuelles génitales, mais celles-ci sont moins apparentes.

Sexualité, sensualité et sensorialité sont souvent interreliées et font partie de la vie de tous les êtres humains, de la naissance à la mort. Pour le petit explorateur et la petite découvreuse, aucune partie du corps n'est taboue. Son corps réagit à l'eau, au vent, à la chaleur, aux caresses, à la douceur de son ourson de peluche.

Il peut être enrichissant pour parents et enfants d'établir entre eux une communication sensorielle par le massage.

Apprentissage de la propreté

À partir d'un an et demi environ s'effectue, avec l'acquisition de la propreté, un déplacement de la zone privilégiée de la bouche vers l'anus. L'entraînement à la propreté est caractérisé par deux mouvements : se retenir ou se laisser aller. L'enfant devient maître de ses muscles sphinctérins. Pour la première fois, il exerce un certain contrôle sur son environnement. Cette étape représente une forme de dialogue subtil entre l'enfant et la figure parentale : faire plaisir en poussant pour expulser les selles au bon moment ou contrarier en se retenant (p. 43 et 44).

La réaction parentale face aux fonctions corporelles de l'enfant est très importante car, pour ce dernier, ce qu'il produit est beau et bon (p. 43). L'apprentissage de la propreté peut donner lieu à un rapport de force entre adulte et enfant, dynamique pénible et longue à résoudre si l'expression de l'autonomie de l'enfant n'est pas reconnue et valorisée à travers ce phénomène.

Développement du langage

Cette phase d'apprentissage de la propreté coïncide avec le développement du langage. L'enfant prend plaisir à identifier toutes les parties de son corps. Si l'on n'exclut pas les organes génitaux du reste de sa personne, l'enfant intégrera naturellement sa dimension sexuelle et génitale à son développement global. Les termes exacts pour nommer ses organes génitaux s'apprennent aussi facilement que leurs équivalents plus colorés (zizi, quéquette, rikiki, minou, bizoune, chatte…) et parfois hélas, à connotation dévalorisante ou agressive (trou, bâton…).

Il ne s'agit pas de sous-estimer les petits mots colorés qu'utilise l'enfant et qui insufflent à la sexualité une valeur poétique, métaphorique. Il s'agit de connaître aussi les mots exacts afin de bien se comprendre en utilisant un langage commun. Il n'est pas question non plus de donner à l'enfant de vastes notions d'anatomie mais bien de saisir les occasions ponctuelles et journalières permettant de quotidienniser l'éducation à la sexualité. L'éducatrice en garderie (p. 42) profite des réactions des enfants à un moment propice pour leur donner de l'information pertinente, rassurante; ce faisant, elle n'extrait pas la sexualité de l'ensemble de la personne, du reste de l'univers.

D'autre part, parents et autres intervenants ont parfois tendance, sans trop s'en rendre compte, à définir la fille par ce qu'elle n'a pas. Exemple: «Tu es une fille parce que tu n'as pas de pénis.» D'abord, cette assertion est fausse, ensuite, elle est négative et amène l'enfant à intérioriser un manque. Il est possible de positiver les termes, les expressions et, par ricochet, de renforcer une identité sexuelle en voie de formation. «Tu es une fille et tu as une vulve, un vagin, un clitoris, etc.»; «Tu es un garçon et tu as un pénis, des testicules, etc.» La période de zéro à six ans est cruciale pour le développement et la consolidation de l'identité sexuelle et le langage vient enrichir ou appauvrir la perception que l'enfant a de lui-même, en tant que fille ou garçon.

Autoérotisme

L'enfant d'environ trois ans découvre ses organes génitaux en tant que partie de son corps qui le différencie de l'autre sexe. Il manifeste de l'intérêt pour tout ce qui le concerne. L'exploration de sa génitalité témoigne de ce besoin de découvertes, de cette curiosité. Cet intérêt pour ses organes génitaux le porte à s'examiner de très près ; il prend conscience, en se touchant, que cette partie de son corps est particulièrement sensible. En frottant ses organes génitaux, la petite fille ou le petit garçon ressent du plaisir, variable en intensité d'un enfant à l'autre. D'un plaisir purement sensuel chez l'un, il peut avoir une fonction de détente, d'apaisement chez l'autre.

L'autostimulation chez un enfant inquiète bien des parents. Elle fait néanmoins partie de l'ensemble des découvertes sexuelles qu'un enfant peut faire. La plupart du temps, celui-ci privilégiera certains moments pour s'adonner à ce jeu : le soir avant de s'endormir, un moment d'inactivité physique, en regardant la télévision, par exemple, parfois en situation de stress, etc.

L'enfant de cet âge devient de plus en plus un être social et il est en mesure de comprendre que la masturbation est une activité qui se pratique dans l'intimité. On fait sa toilette (bain, douche…) dans l'intimité et non devant les autres, au milieu du salon. Il en va de même pour toutes les conduites intimes, masturbation incluse. Et surtout, l'enfant saisit très tôt l'idée « d'intimité » qu'il ne se confondra pas avec « en cachette » ou « interdit ».

Jeux sexuels

Toujours guidé par sa soif de découvrir, de connaître et d'explorer, l'enfant aura besoin de vérifier avec ses pairs ses propres intérêts. À travers le jeu (p. 17 à 20), il se rassure : le sexe de l'autre est pareil ou différent du sien. Cette vérification auprès des pairs est présente même si l'enfant a pu voir ses parents ou ses frères et sœurs nus. Une démarche de socialisation, d'ouverture sur autrui se réalise par l'intermédiaire des jeux sexuels avec les pairs. Ces activités s'accompagnent d'excitation, de ricanements, parfois de surexcitation quand le sentiment de « défendu » prime. Rappelons que, quand les enfants jouent au « docteur », l'auscultation ou le remède imaginaire sont aussi importants que le moment où on baisse sa culotte ; l'enfant est tout à son jeu dans toutes les étapes que celui-ci comporte. De plus, à travers les jeux sexuels, l'enfant se rassure sur sa normalité : il a besoin de se sentir conforme à ceux ou celles de son sexe, différent de ceux ou celles de l'autre sexe. À 4 ou 5 ans, comparer son corps avec celui de papa ou maman sous la douche n'est pas, vous le comprendrez, forcément rassurant !

S'il vous arrive de surprendre ou d'interrompre un jeu sexuel entre enfants, vous pouvez en profiter pour les rassurer sur la normalité de leur curiosité sexuelle.

Si les mots ne viennent pas, une attitude accueillante peut avoir le même effet. La maman de JoJo (p. 25) se contente de sourire quand cette dernière lui parle des jeux sexuels de l'après-midi ; l'attitude non verbale peut, en certaines circonstances être tout aussi signifiante que bien des mots. L'important est de renvoyer à l'enfant une attitude qui ne le fasse se sentir ni «coupable» ni «honteux». Une telle situation peut aussi constituer un moment propice à la prévention des abus sexuels: «Jamais avec les grands. Même pas ceux de la famille.» Vous comprenez qu'il ne s'agit pas de vous immiscer en devenant des «voyeurs» de leurs découvertes. Pudeur et respect de leur intimité sont de mise!

La naissance, les bébés

Le phénomène qui entoure la naissance exerce toujours sur l'enfant une grande fascination. Il aime entendre parler de ces événements. Des informations limpides l'amènent à mieux se situer, à comprendre d'où il vient. Il est donc important de ne pas escamoter d'étapes afin que l'enfant perçoive un fil conducteur: amour et rapprochement entre un homme et une femme, conception, fécondation, développement du fœtus, naissance. Pour la plupart des adultes, la partie la plus difficile à aborder est l'étape de la conception parce qu'elle implique la notion de plaisir lié à l'acte sexuel (p. 31 à 35). La conception/fécondation (p. 36), les neuf mois de vie intra-utérine (p. 46 et 47), la naissance et l'affectivité (p. 48 et 49) qui l'entourent sont, de façon générale, des thèmes dont on parle avec plus d'aisance.

Amener votre enfant à raconter comment il imagine sa vie dans l'utérus maternel, et sa naissance, peut être un exercice amusant et riche de saine complicité.

Plusieurs enfants perçoivent leur parent de l'autre sexe comme leur amoureux: «Moi je vais me marier avec papa!» Mais non. Ton papa est mon amoureux à moi. Plus tard, tu auras ton amoureux à toi.» L'enfant réalisera graduellement que ses parents forment un couple ou que le parent qui en a la garde vit des relations affectives et sexuelles qui ne lui enlèvent rien, à lui, l'enfant. Il renoncera naturellement à cet amour exclusif et s'ouvrira à d'autres relations. La démarche d'autonomie s'amorce dès la naissance…

Prévention des abus sexuels

Parler de sexualité naturellement, simplement est une excellente façon de faire une démarche en cette matière. En parler sainement à l'enfant peut aussi développer sa responsabilité et prévenir la possibilité d'abus sexuels.

Nous avons choisi d'aborder cette question épineuse via le toucher (p. 56 à 60) afin d'amener l'enfant à distinguer le bon toucher du toucher abusif.

Il importe que, dès son plus jeune âge, l'enfant sache que son corps lui appartient, qu'il a le droit de dire non et surtout qu'il sente qu'il peut toujours parler de ce qui lui arrive à ses parents ou aux personnes en qui il a confiance. Votre attitude en cette matière est d'une extrême importance. C'est elle qui déterminera le choix de l'enfant entre s'ouvrir à vous ou bien porter seul le poids de lourds secrets. Il ne s'agit pas de paniquer ou d'apeurer l'enfant, mais de l'informer de l'existence de ces réalités. La lune a une face éclairée et une face sombre. La forêt foisonne de beautés et de trésors ; elle recèle aussi des dangers. Il en va de même pour la sexualité.

Nous sommes portés à croire que, si l'enfant parvient simplement à distinguer ce qui est bon pour lui (ce à quoi il consent, ce dans quoi il se sent bien) de ce qui ne l'est pas (ce qui lui est imposé, ce dans quoi il se sent mal), il sera plus apte à exercer sa liberté et à se faire respecter.

Pour conclure

Nous avons voulu, à travers le quotidien d'une petite histoire d'enfant, laisser émerger les multiples facettes du développement sexuel en bas âge.

Nous avons souhaité aussi, par-delà notre préoccupation d'offrir de l'information sexologique, que ce livre soit beau, invitant et frais.

Cela, pour que le jeune enfant soit perçu et accueilli dans toute son intégrité humaine sans exclusion de sa dimension sexuée et sexuelle.

Vos commentaires sont les bienvenus.

jocelyne_robert@videotron.ca
ou
Jocelyne Robert
a/s Les Éditions de l'Homme
955, rue Amherst
Montréal (Québec)
H2L 3K4

Achevé d'imprimer au Canada
sur papier Enviro 100% recyclé

100%

BIO GAZ ÉNERGIE